CUADERNO INGLÉS
DE POESÍA FEMINISTA

CUADERNO INGLÉS
DE POESÍA FEMINISTA

JAVIER ALVARADO

IV PREMIO INTERNACIONAL DE POESÍA
DE FUENTE VAQUEROS

Valparaíso
EDICIONES

Número 488 de la Colección VALPARAÍSO DE POESÍA
dirigida por FEDERICO DÍAZ-GRANADOS

Diseño y maquetación: Chari Nogales
www.charinogales.com *@chari_nogales*
Imagen de portada: Renee Sarasvat

Primera edición: marzo de 2025

© De los poemas: Javier Alvarado

© Valparaíso Ediciones

C/ Fray Leopoldo, 7 Bajo 18014 Granada
www.valparaisoediciones.es

ISBN: 979-13-87538-34-7
Depósito Legal: GR 360-2025

Impreso en España - *Printed in Spain*
Gráficas Gami

Un jurado compuesto por los poetas Federico Díaz-Granados, Raquel Lanseros y Ramón Martínez decidió por unanimidad conceder a *Cuaderno inglés de poesía feminista*, de Javier Alvarado, la IV edición del Premio Internacional de Poesía de Fuente Vaqueros, pueblo natal de Federico García Lorca.

A ti, Federico, que siempre estarás.

A las mujeres creadoras y artistas de todos los tiempos.

Tengo nombres para vosotras:
Arce, cardo, narciso, brezo,
Enebro, muérdago, nomeolvides,
Y vosotras no tenéis ninguno para mí.
WISLAWA SZYMBORSKA

Cada hora germina otras horas
y todas son peldaños
que ella sube y resuenan.
Sale y entra y se mueve
y su hacer la ilumina.
CIRCE MAIA

MUJERES

Era
Como escribir
Con furia
Sobre el aire
Y crear
Ramilletes
De palabras.
Hay mujeres
Que toman
Un papo
Y revolucionan
Las sangres
Del país.
No le temen a nada.
El mar es su cofia
Y la voluntad del muelle
Se hace a sus pies
Como una isla,
Como un archipiélago
Que se desvanece en la sangre
Como un cordón umbilical
Enrollado a la memoria
Emergiendo
Cada vez
Su fragancia
De nenúfares.

Esas mujeres
Postulan
Una llave,

Esas mujeres
Revientan cadenas
Para romper
Todo cerrojo.

Una mujer lee
Y se eterniza.

Una mujer
Se hace libre,
Y nos
Hace
Libres.

Una mujer
Es siempre
Poesía.

Una mujer
Escribe
Siempre.

LAS MUJERES HORTELANAS

Voy a esgrimir esta vez
La fecha
Del nacimiento
De los árboles,
Cuando entraba el verano
En aquel pueblo
Y solía degustar
Los albaricoques
De la infancia,
Hasta descubrir
Ese miedo,
Ese rito
Que se esconde
Tras la pulpa,
Cuando nuestras bocas púberes
Deseaban esgrimir
El secreto del misal
El día y la noche,
En la guía espiritual de los objetos.

Las frutas pendían, caían,
Estaban
Absortas
De ofrecerse
Al viento,
Al hambre
De todas las edades.
Así aspiro yo a volver,

Entrecruzada de vocablos,
Hablando y conteniendo
Todos los lenguajes
De los parajes
Y las islas,
Esa absolución de las conchas,
— Esos caracoles que se enmarcaban
Una vez más al coraje de las mareas,—
Una sensación
Para pedir asilo,
Para atisbar el trópico y el mar,
Cuando tu cuerpo
Es un horizonte
Un diálogo
Entre las sustancias
Y pólipos,
Cuando ansío volver a los peces
Que golpean en la boca.

En el pueblo nunca esperábamos a nadie,
Lo sabíamos desde siempre,
Desde toda la existencia,
Cuando no dejábamos escapar
La breve luz

De los cocuyos
Y las luciérnagas escogían
Su lugar de apariciones:
Y eran hermanas de los caballos,
Hermanas de la incertidumbre
Y la resurrección

Y de la podredumbre de los dioses,
Cuando nos hiere una alondra con su canto.

Hay que seguir escudriñando el himno y la palabra
Para que las niñas
Y mujeres
Lleven a sus labios
Todos los teoremas,
Todos los números,
Todas las galaxias
Todos los códices
Y que todo estalle en las mutaciones del arcoíris

Las mujeres que parten un albaricoque y esgrimen
    su lengua,
Las mujeres que arden y se extasían como un hontanar
    de hulla
(O una estampida de petróleo.)
Nacen y sangran como las fábulas;
Como el rocío en la cola de las yeguas;
Se sumergen en la edad y fundan una identidad en
    el léxico,
Una sociedad de candelabros. Ellas van escribiendo
    y corriendo,
Remando en su escritura. Son versátiles al polvo
Y furiosas a las censuras del país.

Las mujeres seguirán transitando por las montañas
    y los cruces
De avenida.
Muchas serán las respuestas

Que gravitarán
Como chorros carburantes,
Desgarrando todo velo
Para la combustión del futuro. Sus miradas y sus cabellos
Seguirán cantando la evolución y la belleza de las parcelas.
Ellas arderán con sus telas de blancura.

VIRGINIA WOOLF CON SUS BANDERAS FLAMEANDO

Fue usted, Virginia, la que dijo
un lleno de neblina domingo de marzo:
me hundiré con mis banderas flameando.
EFRAÍN HUERTA

Virginia escuchaba voces. La voz que más la
   atormentaba era la de Orlando,
No tanto la de la señora Dalloway, atrapada en sus 24
   horas, esas 24 horas que son un abismo,
Una castaña que morder
Para asilar la eternidad
Esas 24 horas que pertenecen al mundo, segunderos más
   que luces, minuteros más que sombras
En el comprar las flores y celebrar esa fiesta en medio de
   la multitud
En su hálito para desmoronarlo todo.
Los monólogos interiores siempre atormentaron a Virginia,
En su propia obra
En ese faro,
Donde nos costaba constelar algún poema,
Alguna súplica,
Atisbar aquella luz
Que demoraba su cauterio,
Su droga iluminada,
Qué verbo sensitivo,
Que cólera a los ángeles,
Ahora que el cerebro ha empeorado
Y no hay habitaciones propias

Para los huesos de fantasmas
Que deambulan
Y siguen deambulando
Por la campiña inglesa.
Era otro contemplarse las manos,
Otras rutas para adivinar un silbido
Entre el bosque,
El de la plata aspergeada y la nuca del espejo
Siempre dispuesta a permanecer intacta
Para una caricia,
Para un tardío gesto del ruiseñor
Cuando te posesionabas
En la escritura y de tu mano brotaban torrentes,
Efluvios,
Marejadas,
Simples olas
Que atormentaban a otros
En colores,
En rayos hacia adentro,
En la representación de la sangre,
De la rosa alquímica,
De la arena votiva que se deslizaba por debajo de la puerta.

Todo era el límite del mar y el condado.

Yo me quedé aquí, entre la suspicacia y el crimen,
En el auto flagelo
Ante la agrupación de las aguas,
    Lo espiritual entre las ruinas y las claridades
        inconfundibles por las ramas del sendero,
En ese cuerpo intermediario que va serpenteando en las
    distancias.

Yo no lo creí posible, cuando Mrs. Woolf se perdía en los
    desastres
De la lluvia
Y el coro seguía inclemente tras de sí,
Tras sus desvaríos
Y ya no podía ni resistía escribir a las voces,
Deseosas, de combarse
En algún personaje para la memoria literaria
De todos los solsticios,
De todas las demencias
Cuando al confundirse con las estrellas y la podredumbre
    del quimérico otoño
Contempló la felicidad momentánea
En las hojas caídas,
En las piedras que adquirieron sesgos de rostros familiares
Y por la ventana: un camino se dibujó hacía el cenagoso río
Fue entonces cuando escribió las notas para tener consciencia
De la libertad propia y la libertad del cónyuge.

¿Qué barco le heredaste a Leonard Woolf?

¿Qué balandra para Vanessa Bell en la playa de Studland,
O las escenas domésticas o el interior de dos mujeres?

¿Qué barquichuelo para tu amante supuesta, Vita Sackville
    West?

Caminaste hacia las ondas, tomaste las caras de todos
    en la piedra

Y el abrigo se colmó de marineros hundibles
Y te adentraste hacia el frío cauce del agua,
    donde fuiste también
Agua de las aguas,
Agua de la bruma,
Agua del suspenso,
Agua del monologo interior,
Agua de la nueva forma de novelar,
Agua de escribir poemas novelados,
Agua de la extirpación del sol,
Aguas del tormento y la desesperación de las fobias británicas,
Agua de Bernard, Susan, Rodha, Neville, Jinny, Louis
    y Percival.
Agua de los colores múltiples, agua de las letanías y de los
    sembrados de avena,
Agua de los disfraces y la sexualidad dormida,
Agua de los sexos que despiertan,
Agua del azogue y de los dioses que se advienen a ti,
Agua siempre que llega, agua de Virginia, Virginia de agua,
Agua del chorro hacia el aire, agua victoriosa, agua virgínica
Agua   que se hundirá   con sus banderas flameando.

LAS BRONTË

Caminar, ese ejercicio de los astros combados en la
  piedra, como si no hubiese un himno
Para entonarlo en las campañas de Londres,
Ahora que el frío se apodera
De los cristales
Y el inglés nocturno es un oficio para entender
Los sitios donde fuese necesario respirar y transcribir
  algunas leyendas,
Ciertas proezas
Como el de la cotidianidad y del espíritu galés,
Esas rimas que se transfiguran en el coloquialismo del
  agua y de los patos silvestres.
Yo huyo de los rencores
Y de las guerras
  de sucesión al trono
O de aquellas nefastas invasiones entre lugareños y
  romanos, cuando aquellas señoritas
Se dispusieron a escribir poemas y acaso vendieron dos
  ejemplares
Bajo apariencia masculina, tomando del brazo a los
  hermanos Bell
En un atardecer ante el páramo
y luego ante esa adversidad de la creación ante lo
  económico, suspiraron en diálogos,
Imaginaron en prosa
  sus propias existencias y las de sus personajes
    quiméricos.

No se puede pedir palomas al servicio de mensajería,
    los sobres y los recados
Llegarían con esa luz distinta de los orfebres (la palabra cargada
Con nimbos de extranjería).
Ah, Agnes Grey,
En su canícula,
Jane Eyre,
Te recordaría siempre bella y exacta
Como en los otoños que no alcancé a dimitir entre las flores
    y los jardines
Aledaños a mi sombra.
Nadie ya puede hablar en esas estaciones
—El miedo a llamar por llamar al amor— al hueso,
    a la carne,
A las tazas rebosantes de té y al sueño de rememorar
    las escenas
Del Romanticismo: Byron, Keats, Wordsworth, Shelley,
    Coleridge,
Nos da terror
Ir por las posadas y las abadías recabando testimonios orales
O algún manuscrito que contenga los símiles de la rosa
En las mejillas de una mujer o el sabor de un tonel en
    los labios
De una doncella, siempre libre y fugar como los meteoros
Que nunca se alcanzan a contar cuando la temporada
Es fidedigna y se dibujen peces en el espejo para esperar
    la llegada
De un barco de ultramar.

Muchos recuerdan a las Brontë recitando poemas de memoria
Sobre las rocas o bajo algún roble dispuesto a albergar rimas

En su madera, agitando su clorofila hacia las Cumbres
    Borrascosas;
Mientras en Haworth, las tres hermanas, las tres
    hilanderas de palabras
Proponían nuevas estructuras novelescas
Allá en el fuego o en la excitación del sauce,
La caminata entre los guijarros
Cuando el delfín ansía su voz en el destello numerario
    de la plata
Y otra sea la podredumbre y otra sea la oblea en el
    diezmario de las hojas.

La costa se alza en ellas tres como un espejo de perlas
    amaestradas
Y el tiburón que ofrece un relicario a la medusa, las tres
    destellan sobre la orilla
Anne, Charlotte y Emily, cada una dejando sus pies desnudos
Con la espuma reinante, en ese anzuelo que solo los dioses
    pueden morder
Como la música en el caracol herniado, son los caballeros
    con sus armaduras
Medievales, el coral que aporta una sibila para la literatura
Dormirán cuando terminen de escribir sus novelas,
    acaso la soledad
Sea una flauta entre los carneros y ovejas
Que soñaron precipitarse al mar
En el calco de un vuelo, en una madrépora que supura
    verdades
Y no pueda concluir sus monólogos que redoblan goteando
En aquella casa de ladrillos oscuros y ventanales blancos

Bajo la musitación del pastor anglicano, su padre Patrick y
     las sagas de los buenos hombres
Y de las ebriedades de Branwell, el beodo deshonroso de
     las medianoches,
Y prefirieron escribir doblegando la enseñanza y el matrimonio
Para luego dejarse ir con la tuberculosis, las inquilinas de
     Wildfell Hall,
Yéndose a morir entre sus párrafos y en la autoconciencia
     literaria,
Un trío de rebeldía; mientras el viejo Patrick testimoniaba
     el peregrinar
De biógrafos, admiradores y escritores y seguía el mar
     de la costa contra las rompientes,
Bordeando la tierra en su jarcia musical, en tu otoño helado,
El viento resplandeciendo sobre las tumbas en fuga,
     sobre las moras silvestres
Que fueron jalea, allá en el hervidero de las múltiples faenas.
Las mujeres ígneas que siguen respirando entre los arbustos,
Entre los rayos de la medialuna enquistada en la niebla.
Haworth, tuvo otro nombre para mí,
Otra enseña, otro himno y una colección de poemas
     para recitarlos con ellas.
(Las Brontë en la cumbre de la roca.)

KATHERINE MANSFIELD

Estaré aquí en esta senda
Para equilibrar imágenes;
Esperando el retiro del agua viva
Y la rendición de los rebaños,
Cuando el cazador de las constelaciones
Revele el polvo de Nueva Zelanda o de Londres,
    de su obstinada dinastía,
(Esa alianza súbita
Del tiempo
Y del agujero negro a punto de existir y de tragarme);
De ser al fin un alfabeto
(Que en Fontainebleau no deteriorará la tuberculosis
Transfigurando el canto de mi cisne en los balnearios).

CAROL ANN DUFFY

*"Carol Ann Duffy fue nombrada poeta laureada de Gran
Bretaña, un título honorífico que concede la Corona desde 1668
y que hasta ahora nunca había recaído en una mujer."*
PRENSA INTERNACIONAL

*I get our bread-knife and go out.
The pavements glitter suddenly. I touch your arm. C.A.D.*

Así existieron las escenas y las tramas románticas,
    cuando se sucedieron
A través de muchos reyes y reinas, los poetas laureados,
    aquellos que cantaron
A princesas y príncipes
Y contaban con favores de los monarcas
Y la corte,
Para esgrimir ese título que serpenteó entre generaciones
    masculinas
Y eran rimas nobles, poderosas, metáforas chorreantes y
    recurrentes
Como el arcoíris que se traga el arroyo, en el plenilunio
    de las ardillas
Que van fantaseando con su repetición de la tierra
En cámara lenta,
En el llamado de las cohortes y de la saga imperial,
Después fue tu poema y la saga
De tocarte el hombro cuando se esgrime
La cotidianidad con un cuchillo.
La primera mujer poeta laureada

De Gran Bretaña: Carol Ann Duffy,
Mientras la observo desde el signo cifrado
(La astucia voyerista)
Y escudriño en el cajón del gavetero.
Tomo mi bolígrafo y salgo a la calle
Busco la poesía, miro a las gentes, voy apuntando.
Te encuentro
Leyendo versos a las cebollas. Toco tu brazo.

EMILY DICKINSON

Emily Dickinson es una divinidad que colocó guiones en
                    sus poemas para dialogar con las pausas.
Esperó a que cantara el gallo de la resurrección en la
                    noche de Amherst. Incitó al fuego
A que permaneciera sobre los céfiros, dibujó una crónica
                    para patos salvajes y cisnes,

Completó una alineación de estrellas en una página
      en blanco;
Se pinchó un dedo podando una rosa para dar el color
      que le faltaba al arcoíris.
Su jardín fue una iniciación para ofrecer sacrificios,
Allí se instauraron el relámpago y el trueno como
      una súplica,
         El cielo fue el consorte de toda jaculatoria y de toda
dádiva. Se instauró como un presagio entre las órdenes
                                        celestes;
la siento bajar como un arroyo de una colina próxima.
      El mar la aguarda
Con sus cornos de espuma. Tiene lenguaje de dioses
Para transverberar la realidad. Las notas ambiguas se
agrandan a los ojos,
Los caballos se encabritan inmutables ante el
      isomorfismo en las raíces
los bulbos salpican de flores los caminos que hemos de
recorrer en las infinitas mañanas o en los iniciáticos
      atardeceres

Que son como una ráfaga más clara o quizás como un
    ronquido.
En ella convergen lluvias, bálsamos, pasiones;
Sus manos trafican con el sol una fotosíntesis antes de
    tiempo;
Fragua un concierto para poderosos seres. Nadie la ve mutar
Con sus pensamientos
y nadie sabe si la noche se puebla con sus luciérnagas, con
sus sílabas cantadas de luz amorfa.

Ella tiende su brazo y es escuchada.
Ella desnuda su espalda y es como el gladiolo impregnado
    de rocío.
Ella reza y es como una piedra regurgitando en sus
    recámaras interiores.
Ella se despoja de la ropa y es como si la primavera se
    quedara conmigo
En un ansia vegetativa. Ella orquesta las antistrofas
    celestiales.
Pacta con una garganta de agua su pequeña gracia, su
    geológica hecatombe.
Se ha hecho de espíritus
Asistiendo,
    Cortando,
        Podando,
Colecta insectos y se transforma como la rosa; en el objeto
                de soñar con otros pueblos, con otras aldeas,
Con otras capitales
A la deriva de lo irreal
Cuando nacen nuevas plantas, versos a Dios
Esparcidos por un templo

De viandantes.
Aquí va la escritura de Emily Dickinson; poderosa como
un susurro rizado por el océano.

Dialoga con el pimpollo y con la abeja,
Con el ruiseñor y el petirrojo
Con un rayo místico de sol.

Traduzco
    Este jardín
      Para que se nos dé la idea
De sus colores
      Y olores
          como un himno arrancado a la naturaleza.

HILDA DOOLITTLE

Nadie
Puede traducir
Esta sed de tulipanes,
Este miedo a las migraciones
Como si no tuviera
Tierra,
Vuelos,
Accesos en declive,
 Lo áureo de las playas.

Temo caminar
Por las escarpadas
Dunas
De esta infancia
Que no me perteneció
A la que estuve atada en lo gélido del viento
Cuando hendí mi nombre
Y fui espesura.

Estuve presente en la cosecha de los higos
Cuando la luz se suspendió
En la materia acuosa
De los sueños
Y los barcos.
Navegué siempre
Prisionera
De otras aguas
De otros esqueletos flotando en los espejos

En la gaya ciencia
De escribirme
Todos los días
Y no contemplar
La luna
Y el trébol;
Estas claves
Que pueden ser
De otra escritura.
Equinoccial el brebaje
De saciar el rito, las mieles
Y las cerraduras sin nombre.

Soy una mujer deshaciendo
Los equívocos,
Cortando las rosas
Y anunciando su llegada a los jardines
A los sueños
Al desconsuelo
De encontrarse en una casa
Llena de trastes sucios
De hijos llorando,
De canarios
Desbordados
Por los floreros
Por el limbo
O la ventana.

Mis ojos quedan
Simples
Claros

Y quietos
Sobre el paisaje
Que sujetan los caballos
A sus crines a sus bocas a sus estados cuatralbos,
A sus bosques que rumian y rumian
Hasta integrarlo todo
A esta ciudad
Que ya nos queda como una herencia desterrada de su
otoño.

Voy
Y me quedo
Huesuda - desnuda
Olorosa a campo,
A vitral florido
A parvadas imperfectas
Que demoran la siega del arroz.
Soy la paloma y el equinoccio,
El sortilegio del dolor
De rebosarme
Y de tomar la sagita
De todo lo vivido
Y lo inconcluso.

¿Acaso soy esa otra
Que se acuesta a dormir
Sobre su belleza
Y nunca acaba de despertarse
En el mármol de otra eternidad?

DENISE LEVERTOV AMABA A LOS JARDINES

Denise Levertov tenía obsesión con los jardines.
Era una manera de atarse
      A unos cuantos pájaros,
A devolver imágenes
Desde su sueño a la ladera opuesta. Yo me encontraba
en otro extremo
De la geografía, limpiando de hojas secas el pozo de brocal
Donde mi cara de niño se había reflejado. Las mejores
    escenas
Se quedaron allí contenidas -y cuantas veces deseé- que
    el mismo se desbordara
Con los recuerdos y la felicidad de antes, pero él a veces
    se secaba
Y otras, mostraba un poco de agua, para que no me
    olvidara de que existía
Allí en el patio y la casa de ladrillos rojos iba
    envejeciendo como la abuela
Y quizás no tendría su leucemia, sino el deterioro de
    otras vidas
Como los túneles que abre el comején o la hojarasca
    sobre el polvo
Donde corrí liberado, mientras leía ahora,
A Denisse Levertov y su elegía sobre su madre muerta
En un asunto privado
Allá en México- en esas metamorfosis que sólo son
    contempladas

Y escritas por poetas.

La veía venir con su blusa blanca
Como un cenotafio.

Empezábamos a encerrarnos como la adormidera,
Caída la tarde.

La sentencia de sus labios era un intento de asir la
     realidad,
De llevarnos desde un clavel hasta un girasol consciente
     de su furia,
En su rotación, allí inalterable. Más allá en el horizonte,
     se pronunciaba un grillo.
Traía los versos y las rimas para ahuyentar a los sordos
     en sus quintas,
A las mujeres tristes que se miraban en el cuenco de
     leche para subyugar la belleza de sus caras,
Los hombres que languidecían de tanto escudriñar entre
     el asombro y las leyendas
Familiares. Dejaba que el tiempo podara la flor
Y esperaba a que la lluvia decidiera originar una
     mitología de la raíz.
El estiércol conducía entonces la maravilla de lo verde,
El ínclito temor del capullo ante la luz solar que se
     adviene como un laberinto ante
la mano en el trasiego y la cosecha.

Las espinas son la cortadura, el tallo del diamante.
El árbol de guayaba, de naranja agria, el arbusto con las
     mussaendas,

El almendro,
El mango,
Y la calavera de azúcar mexicana empiezan a brillar
Y el jardín queda en escombros, como el mío, como el
    que ya no le pertenece;
Se mete a él, la paja seca, el deterioro y lo marchito
Cuando todo el aire y los retoños se nos van talando.

Yo quise rememorarla leyendo su poesía y recogiendo
Los juguetes de los infantes en los dos jardines, disímiles,
    distantes
Y tan unidos y parecidos en la evocación de la vida
Ante las paletadas de herrumbre de la muerte. Yo quiero
    revivir
El vergel y escoger la resurrección del patio, pero el
    muro medio caído
No me permite traspasar ahora lo que tanto anhelé.
    El pozo de brocal
Es el ojo de un dios, un ojo semimarrón y ocre
Donde el agua me devuelve una liturgia mineral,
Venerada en la boca del humano, de las bestias,
    de las aves, de las criaturas
Que contemplé en el bosque nodrizo.
Son las leyes del cosmos- nos susurran en voz quedita,
Casi alimentando el apagado de un cirio que nos deflagra.
Es una poetisa que murió y otro jardín muere en
    su evanescencia.
Le cantó
A su madre, a ella y a sus flores,
Que es la muerte hoy, convocada en la maleza.
Denise Levertov es un jardín visual que crece
Y que siguen podando los dioses.

ELIZABETH BARRET BROWNING

I

Encontrar aquí el tiempo redimido. La noche de una espera,
Lo cambiante como el dínamo y su sombra,
Aun cuando no fuese a despertar, a acomodar la caña
Y enfilar la pequeña nave para augurar la pesca.
Nuestros condados olían a leña, a un fárrago
Que se levanta entre la carne. El lobo y el aullido
Enquistado en la roca. No tenía salida entre mis miedos
Y mis deslaves que van por la cordillera. El zorro plateado
Olfateaba entre las estepas y yo iba reescribiendo mi historia
Y los sonetos al portugués. Allí estuve, imaginando el sol
Dentro de mi como dentro de Lisboa o de Coimbra.
Antes la ceniza y su vocablo gris, una metáfora balbuceante
Para congregarse ante el café y esperar lo oportuno
Ante a resaca que produce las uvas añejas
Y el vino guardado en la despensa donde también ponen
    sus huevos
Las lechuzas mientras afuera el marsupial intenta
Arrebatar una madriguera al oro y las piedras preciosas
Se atoran a su cola como asteroides que pertenecen
A la única especie de la salvación, el tierno huerto
Y los espinos creciendo y creciendo, la neblina
Apoderándose de los grumos y el territorio,
El militar que ha quedado viudo y las cartas de su esposa
Siguen rellenando los prados
Relatando la felicidad que alguna vez ocupó
El lugar de las espigas, mientras esa flauta limitaba
Con el viento y la voz y los sucesos venían a encontrarme

De rama en rama, de aparejo en aparejo y la luz
Se asía a una mano en el principio.

II

Yo estuve muda, incontrolable. Odiaba la cocina
Y los desvanes donde se guardaba la mocedad
De la guitarra, una madera que conserva sus fibras
Para el canto tardío, ahí en mi cordura otoñal,
Cómo decirlo, sino me identifico con otra estación
Que esta de las hojas que se baten y caen y cuelgan
Y vuelven a caer
Como una lluvia perenne destinada a un solo árbol
O a una sola mirada que contempla lo verde y lo ocre,
Lo vestido y lo desnudo, la vida y la muerte
Congregada a un solo destello, a una extremidad
Anquilosada, vertida luego a la nieve
Al grumo del sol o al destello de la plata líquida.
Mi sol es un conjuro. Mi sol es un condumio.
Las palabras se vuelven soles en la boca
Y en la palma de las manos, los panes simulan al sol
En su esperada puerta. La poesía puede salvar o
    dañarnos
En su irritada flor que se acaricia
Con el puñal arrebatado por la encina, cuando se van los
    versos
Y las obras contra la esclavitud y el trabajo infantil
Y las rimas vuelven a su aroma inglés
Cuando se leen sobre una campiña, mirando al tordo
Y al ciervo, al pato silvestre y a la ardilla

Rastrear el tropo para llevarlo a su marcha triunfal
Con el heno y la avellana.

III

Elizabeth Barret Browning, desde tus plantaciones de sonetos,
Desde tus labrantíos de rimas, de holocaustos y tropos.
Almario no vencido en la diafanidad de una estrella,
De un coloquio en Coxoe Hall, Durhan, cuando el amante
Se pierda entre la ropa y la muchedumbre
En su incipiente esplendor. Todo no perecerá. "El amor
Por ser amor
Es bello."

EL CUADERNO DORADO DE DORIS LESSING

Negro, rojo, amarillo, azul, dorado.
Anna Wulf
Requiere de otro color
Para contar su historia.
En ese gris de Inglaterra,
Cuando se horneaban biscuits
Y el oro glacial sujetaba
La mano del fuego y la hornilla del gas.
Mi pasado en Rodesia del Sur
Y el rojo ante la política inmune.
Soy más que azul, que el mar
En la costa
Donde no envejecieron las Brontë.
Estoy en este médano esperando
Las espigas que trae el céfiro
Y señalando el cuenco
Donde guardaremos los recovecos de la lluvia.
Más allá de la vista se pierde el ganado,
La cerca se derrumbó y las estacas
Han decidido caminar buscando la aurora y la noche de
los pinos.
Yo no me puedo cansar
Ante estos himnos
Y estas historias de mujer.
Toda fémina y toda civilización

Ha de tener su cuaderno
De color dorado. Ya no más la jaula, la hoguera, la horca,
la doncella de hierro
Gritando a mediodía. Una mujer habla.
Una mujer me cuenta.
Una mujer pinta mi cuaderno. Estuve ahí.

ELIZABETH BISHOP

Esta es la poeta que no les escribió a las rosas.

Esta es la poeta
Comparada con el ratón de campo, amiga de Robert
Lowell.

Esta es Elizabeth Bishop
Cuya obra sigue creciendo
Con la batahola de los años.

Ella, cuya madre enloqueció
Y cuyo padre se fue a dormir
En medio del verano
Añorando una primavera fría.

Esta es ella, discípula de Marianne Moore
La que se obsesionó
Con la poesía perfecta
La que recuerda Samambaia
Y la roca magnética
Y la colina herrumbrosa
En las potestades del agua.

Esta es ella, la que se angustió
Con todo lo que escribía, con todo lo que borró
Con todo lo que pensaba
Para la poesía pluscuamperfecta
Desde el estudio donde se desflecaba el cielo
Como la cabellera de Lota
En medio de los pedregales de Brasil,
La que recuerda Samambaia
Y la roca magnética
Y la colina herrumbrosa
En las potestades del agua.

Esta es ella, la que se abrumó
Con todo lo que podía recolectar
Para la mente
Para las numeraciones caóticas y los tropos
(La descripción minuciosa)
Para la poesía perfecta
Desde el estudio donde se desflecaba el cielo
Como la cabellera de Lota
En medio de los pedregales de Brasil,
La que recuerda Samambaia
Y la roca magnética
Y la colina herrumbrosa
En las potestades del agua.

Esta es ella, la que se obsesionó
Con cada palabra, con cada pliego de maestría
La música, la métrica,
El sentido y el sonido
Desde el estudio donde se desflecaba el cielo

Como la cabellera de Lota
En medio de los pedregales de Brasil,
La que recuerda Samambaia
Y la roca magnética
Y la colina herrumbrosa
En las potestades del agua

Esta es la poeta, la que aprendió portugués
Y se fue a Ouro Preto
Para repasar la durabilidad de los guijarros,
La que frotó una piedra contra otra
En la ecuación del fuego
Buscando una poesía dotada
Siempre en el claustro del estudio
Donde se desflecaba el cielo
Como la cabellera de Lota
En medio de los pedregales de Brasil,
La que recuerda Samambaia
Y la roca magnética
Y la colina herrumbrosa
En las potestades del agua.

 Esta es la poeta, ganadora del Premio Pulitzer
Y del Premio Neustadt y cuya obra crece
Más del centenar de poemas publicados;
La que enseñó poesía en Harvard
Para que algo le diera de comer en la cátedra.
Siguió con su poesía perfecta
Allá en Estados Unidos
Pero todavía encerrada en el estudio
Donde se desflecaba el cielo

Como la cabellera de Lota
En medio de los pedregales de Brasil,
La que recuerda Samambaia
Y la roca magnética
Y la colina herrumbrosa
En las potestades del agua.

Esta es la poeta, la que vio la poesía moribunda,
La poesía muerta, en los ojos
De Lota de Macedo Soares,
La que aprendió de Camoes
«Que cuánto más os pago más os debo»
La que siguió rememorando
La poesía perfecta
En el estudio donde se desflecaba el cielo
Como la cabellera de su amante
En medio de los pedregales de Brasil,
La que recuerda Samambaia
Y la roca magnética
Y la colina herrumbrosa
En las potestades del agua.

Esta es la poeta que terminó sus días
Junto a Alice Methfessel,
La que encontró las geografías
Y la tierra escudriñando las formas perfectas
De la poesía
Y que siguió encerrada, copiando, borrando,
Tachando, estrujando en el estudio
Donde se desflecaba el cielo
En medio de los pedregales de Brasil

La que recuerda Samambaia
Y la roca magnética
Y la colina herrumbrosa
En las potestades del agua.

Esta es la poeta, Elizabeth Bishop
La que escribió a Ezra Pound
Desde la casa de los locos.
La que se obsesionó con la perfección de la poesía
Y la música del carnaval y el arte de perder
Y que sigue creciendo como el aletear
De las perdices blancas;
La que seguirá escribiendo, borrando, tachando
En el estudio donde se desflecaba el cielo
Y la cabellera de Lota
En medio de los pedregales de Brasil,
La que recuerda Samambaia
Y la roca magnética
Y la colina herrumbrosa
En las potestades del agua.

LA COSECHA DE ASFÓDELOS
(RECUERDO DE SYLVIA PLATH)

¿Recuerdas como recogimos los asfódelos?
Nadie más se acuerda, pero me acuerdo yo.
TED HUGHES

Fue si acaso en el jardín que inventamos la rutina metafórica
De sembrar y cortar
A los asfódelos.
Solíamos plantarlos llegada la oscuridad, con la creencia,
De que así emularían el viaje
De una noche desesperada por alcanzar la voluntad del día.
Ya con la luz diurna, eran capaces de aferrar sus raíces y
amedrentar las piedras;
Los insectos eran espantados por los niños
Cuando solían juguetear entre los tallos que
serpenteaban de un lado a otro
Bajo su plegaria de luz
O su oída narrativa con el agua. Ahí se creaba un suero y
una alquimia para esperar el floreado,
Algunas abejas danzaban entre los pimpollos en un embiste
retórico.

Nuevamente el cielo y su antesala,
Con el cortinaje de la bruma que viene del pantano
congelado.
Por fin, hay una dimensión de albas,
Y de coral vegetal;
Entonces antes de que abrieran del todo, los cortábamos
con cierta maestría

Y luego eran embalados para llevarlos al floristero.
Él agradecía
Y pagaba
Por la cercenación de los colores
Y ya no podíamos atestiguar
      El destino
         De muchos de ellos.

Imaginamos su empinar
      En medio de una oficina
            O en el ojal del saco de un caballero;
Son escasos los ramos de novias o de futuras esposas;
Pero es muy probable   que engalanen
         Una calzada para la muerte
O que llegue para ellos la refracción de una paloma a
través de un vitral.

Ted Hughes se acuerda de aquellas flores
Y de otros sucesos de su familia en medio de la bruma
de Inglaterra
Cuando las heladas
Se siguen llevando personas
Y recuerdos. Revive la nevada en que se fue Sylvia Plath
Con energúmenos copos,
Que reventaron
Como cuando un pájaro intenta atravesar una ventana
Y sólo su espíritu lo posibilita,
A pulverizar todos los fragmentos.

Es un recuerdo feliz
Y nostálgico de una familia de poetas
Que sortearon la escasez
Y apostaron
Por los retruécanos y las hipérboles
Ante el negocio de la belleza efímera.

Y así serán las temporadas de carestía y de abundancia:
Escribir desde los recuerdos literarios de los otros.
Nos congregaremos con ellos
En esa ardua faena de recorrer la Acrópolis de la
memoria
Y ya no serán nuestros asfódelos,
Aquellos que volveremos a plantar y a esperar
Con ansias
En el divertimento de los bulbos.
Ellos aguardarán nuevamente
        por algún suceso social
                o que alguien muera.

CHRISTINA ROSSETTI
(LA SANTA QUEER)

Te ofrezco mi amistad si tú la quieres;
pero darte mi amor: no, gracias, John.
C.R.

Rehusé a casarme, John.

Preferí no hacerte la comida, ni tener hijos; ni tejer
largas bufandas para el acero del invierno.

Preferí ser la santa queer de las estaciones,
La que escribió versos sacros a Jesús,
La que cantó al trigo, a las mariposas y al agua del cornejo.
Amé el campo. Las hadas son diminutas y se insertan al oído
Chirrean sus llaves en la duración.
Los versos coronan nuestras vidas
Contemplo el tiempo y esta lapidación de los laureles.
No quise poseer las heridas tántricas del matrimonio.
No quiero absolutamente nada sobre mi tumba
Que no sea la voluntad de existir de la hierba coronada
con el rocío postrero.

AMY LOWELL

Por qué
te me apareciste así ese día
recostada bajo los manzanos, recién salida del agua
A.L.

Fuiste la perfecta visión recién salida del agua.
Despertaste el bosque exterior
Y el bosque interior
　　Lo incendiaste
　　　　Hasta vendimiarlo todo.
Volviste a sembrar árboles en mi cuerpo.
Me nacieron plantas y se reprodujeron flores,
Flores energúmenas que fueron libadas por las abejas salvajes,
Aquellas abejas que no supieron fabricar
La miel de tus diálogos
Y de tus parlamentos
Y de tu pictórico silencio. ¿Por qué me saliste así,
Ahora que me he quedado desértica
Mientras tu sigues allí, tan luminosa, recién salida del
　　agua, recién nacida de una placenta con deseos,
De una boca abismal que te infierna y te paraísa
como un cielo o una manzana, sin origen, sin sexo o sin edad?

SARA TEASDALE

¿Cómo van a callarme debajo de una roca?
S.T.

Atestiguamos entonces que todo puede caber
En una maleta de exorcismos, en una jaula donde
quepan todas las aves regionales y las migratorias,
Todas las obsesiones y las virtudes,
Los miedos y las carencias,
Las sonrisas y los sentimientos de fuga que caben en una
    lágrima.

Acumulo cartas de amores fallidos, atesoro estampillas
de tiempos imaginarios y febriles
Puse mi lengua para pegarlas hacia destinatarios amantes.
No puedo entonces ocultar esta agonía sobre mi rostro
con ambas manos.
Mi poesía tiene palomas mensajeras y me oculto en sus alas.
Camino por la ciudad
Donde ya no habrá comediantes, ni guitarreros,
    ni teatristas de calle.
Tomo una gran pala y cavo hasta el progreso de una
    gran tumba.
Observo la entrada de una mina y de allí salen ponys
Que sobrellevan las cargas nupciales de los minerales y
    las gemas que caen de los cerezos.

Muerta seguiré escribiendo.

¿Cómo van a callarme debajo de una roca?

MARIANNE MOORE

Hay una mujer que se señorea identificando su capa
    entre la multitud.
Guarda en sus guantes algunas especies de la pajarería local
Y su risa es como un mediodía
      que se aglomera
        en un campanario.
Oye nevar.
Camina despacio
 Y canta como los trineos.

Es la musa de todos los tiempos y ninguno.
    Sus párpados portan estrellas que describieron los
griegos y los romanos para orientarse.

Trato de alcanzarla en todos los reinos posibles: el
    vegetal, el animal y el mineral
y se me concede otro estado inferior a los descritos. No
    puedo llamarla.
Solo contemplarla y ser paciente, como instaurando la
    otredad de un reino,
Unos gansos salvajes que revoloteen por un cielo de
    extranjería.
He aquí el aire y su estremecimiento, la cuota del cierzo
    y el himeneo
Que asciende desde el magma a las raíces, la voluntad
    del polvo
De liberar constelaciones humanas; esa creación poética
Para los vivos y los muertos. Nada es tan terrible junto al alma,
Entre los cuerpos feéricos.

Marianne Moore estará desafiante como el mar que se
hace viejo,
Golpeando roqueríos durante el día y haciendo gravitar
cuervos en la oscuridad
Y en un acto de magia
Seguirá ofreciendo poemas con su capa.

JANE KENYON

Dos águilas reales
Reanudan el vuelo
Sobre la laguna.
Eagle Pond
Vuelve a recibirnos
Con sus heladas
Y con sus hojas
Disueltas
Como en un cuaderno
De un zootecnista.
Hace frio y, aun así
El hielo tañe
Reverberante
Como si fuese a convocar
Una antigua corona para el fuego;
Esa que se ciñó sobre la cama pintada
Con versos
Que dieron pie
A un sueño
De leyenda.
Ah, la poeta mujer-dormida
Entre arabescos
Y pértigas. Es el sueño convaleciente
Tras una restauración con el verano,
Polluela que duerme con las voluntades de la pasión
Y del almendro.
En ella se hace la noche
Con toda la fauna estelar

Emigrando por su cuello,
Caravanas de dioses
Que egresan de contemplar la tempestad.
Las águilas reales
Desde la altura
Ubican una presa
Entre el abismo
Y la cumbre,
Entre la pubertad
 Y el destierro
Y se lanzan
Una vez más
Como un rayo
hacia un rosal
Indivisible.
Es la cantiga
Para superar
Los aires,
Para vencer
Todas las velocidades del viento.
Es el amor
Que se pinta,
Es el amor
Que sobrevive
Sucedáneamente
Sobre los bulbos de las flores
Es el amor como una avalancha
y sobre la coloratura de los conos.
Dos águilas reales
Siguen revoloteando
Por el prístino

Cielo
De Eagle Pond.
Uno mira al otro
-Ignorando-
Cuál ascenderá primero,
Cuál
De los otros
Dos
Se quedará pintando la cama
Para empollar una y otra vez la eternidad.

DIANE DI PRIMA

El día que retozaste en mi cuerpo
las bombas se disolvieron.

D.D.P.

De toda la paz, nunca de las conflagraciones, soy aliada.
Escolta de la luz y de los sufrimientos en un cuartel de guerra.
Estuve en un campo de trabajos forzados
Donde se agrupó el arco y la violencia, el despertar de los
    dedos ante la humareda del frío,
El hielo en su autobiografía aniquilando las tundras y los
    hombres y mujeres que se resistían como un bosque.

Yo tiemblo.

Yo me intuyo.

      Yo escribo y escondo los papeles en las tazas y pido a
      ciertos presos que se aprendan las rimas de memoria
Donde la tristura nos albergue, donde se suceda como un
    prisma de la duración,
Todas las escenas de muerte y de enfermedades y de
    despedidas que fortifiquen
Los exilios,
Las mariposas despedazadas sobre los visillos y las mirillas
        Y los uniformes de las humanas servidumbres
    incendiándose ante una palabra de odio
        Y ante la inventiva de agigantar el rencor y el tajo del
    nacimiento de las piezas de ajedrez sobre este campo de
    inanición,

Los peones mordidos por los perros,
El rey y la reina latigando, latigando,
Los afiles sumisos con la señal granate sobre el rostro y
los espejos que dudan de su permanencia cuando se
    fragmentan en todas partes
Y asimilan el cuenco enterrado,
La cólera de los monos
    Y el desollar de los caballos que se arremolinan por las
    llanuras y preconizan la tormenta de sangre,
En una falsa dinastía que se adviene
Como una plantación.

Ya no nos oímos orar en ese desierto.

¿Quién invocará entonces el acuerdo arcangélico
De degollarnos y atisbar la luz desde una mata colmada
    de rocío?
Soy la poeta beat que sigue gritando en contra de todas
    las guerras.

MAYA ANGELOU

puedes arrojarme al fango
y aún así, como el polvo, yo me levanto.

M.A.

Podrás arrojarme al lodo
Y me yergo.
Represento a la tierra libre,
Mi mano negra la conquista.
Soy la tierra que liberó a los esclavos.

Del cielo caen los dátiles.
Las ardillas se ofuscan y levantan la cola
Llevándose a ciertos fantasmas
Que fueron colgados o que lloraron besando cadenas.

La tarea es lírica como versificar
O tocar un instrumento en una calle atiborrada.
Las hojas de periódico revolotean
Y forman un prismático. Por aquí caminan ahora
Negros y blancos. Seguiré siendo la tierra que liberó a
    los esclavos.

MARY OLIVER

Venerable asceta que pisas la tierra con pie extranjero
La noche cae sobre el templo y trituro la rosa solitaria
Y la mastica el dios de brasas felinas que arrulla las
    cariátides de enfrente.
Vuelvo a acercarme al rostro de mi padre y me desconozco
No soy yo
  o no es nadie
      quien me orienta
Abrazada a la nuca del tiempo como una roca de mujer
Que ha sangrado en sus menstruaciones de pájaros
O cuando el ángel escupe la tumba y el puente
Y todo se ha sellado.

La casta vegetal de los pinos se estremece con un gong
    de nieve.
El asceta sigue rezando y yo me inclino fervorosamente
Ante el monzón y las montañas.

Solitaria, miro la niñez que se expresa como un trineo y
    desaparece.

Solitaria sigo mirando los gansos
Que siguen escribiendo la saga de paz
De mis fonemas.

Los perros de mis canciones
Se alinean frente a mí como una constelación.

Me oriento al mediodía que nadie sabe encender,
Y mis poemas se resisten al fuego
                              Y conversan con la leña.

ADRIENNE RICH

Destruyes el corazón antes que quepa en una guarida
Te dejas caer como una lluvia en un harapiento bosque
Mientras vienen los leñadores y ermitaños
Con sus lenguajes de remotas raíces
A enroscarte como una serpiente clara
En lo oscuro del cuerpo.
Escuchas una musitación en medio de los cristales duros
Se vuelcan a ti como un legajo de espigas,
Como primaveras sonoras que ocupan el centro de la mano.
No sabes huir ni proclamar una curvatura del rostro
O un cascabel que permanece en el nimbo de tu lengua.
Una campana iracunda se vuelca a los istmos terrestres;
Eres toda artesana de la bruma
Con sus orgasmos metalúrgicos
y con las enramadas sexuales del geranio
Por donde sube un colibrí de alas movedizas
En un espejo que cae sobre tu sexo en prolongadas gotas
Con un lengüetazo a goterones que no puede suceder
En un nuevo planeta que nace para diezmar al telescopio
Extinguiendo nuestra especie que tirita incomprendida
Como dos cisnes machos que prolongan el atardecer en
    punto del bosque
Que enlazan sus picos como un enjambre de
    hambrientas manos
Como un enlace total de los abismos conquistando las alturas
Donde la luz y el camino terminan por ser plenamente
    conquistados.

MARGARET ATWOOD

Huyes de la temperatura de las conchas
De esas marcas de agua que te devuelven al patíbulo
A la falsa rosa de las crueldades
Y a la boca
Que pronuncia con dureza, su rocío.
Escribes el cuento de la criada
Y en toda la tierra nos esperan con sus capuchas rojas
Esas sacerdotisas que claman el sol del nacimiento,
El arrullo de plantas y animales,
La celebración de los frutos
Ante las perdidas butacas de un tiempo
Que nos envuelve como cartas selladas por un gnomo de
    sombra,
O por duendes traviesos que te arrojan a una caldera de
    exterminio.

LOUISE GLÜCK

Todos somos soñadores; ninguno sabe quién es.
L.G.

Siempre los dioses griegos.
Siempre sus acciones llevadas a clasificar nuestros traumas.
Nadie se escapa como los héroes de los infortunios de los
    combates náuticos,
De los vientos desfavorables, que al final, nos harán
    conquistar la tierra proferida.
Cada recuento familiar se hizo universal tiñendo con
    pétalos la sombra,
Aguardamos por el vino y la ambrosía en las mareas del
    goce. La casa estuvo dispuesta
Para un banquete donde no se invitó a la discordia; pero
    no hubo manzana de oro,
Hubo un poema lanzado con elogios a su autor
Y todos los dioses quisieron adjudicárselo e hicieron
    extracciones a la belleza,
Hacían del tiempo un corpúsculo maravilloso, una tarde
incendiada con la carbonización y diamantización de una
    imagen;
La de una mujer que cantaba con un caracol recostado a
    su oreja,
La de un dulce acento por su lengua de marfil. A ella la
    escogieron como jueza del concurso literario
Pero sorprendió a todos indicando la autoría del poema
    y no fue castigada.

Le dieron pájaros multicolores para que le propiciasen el
   claro y la tempestad,
Una caña de oro para aletargar los peces,
Una guirnalda de algas para enloquecer a las belugas,
Una diadema de laureles para escribir sobre nosotras
Una costa infinita para recibir la marejada.

ANNE SEXTON

Entre la vida y la muerte, ella estuvo dentro de cada fruto,
De cada árbol estacional que estallaba
sobre las calles y sobre los campos,
Confundiéndose su nostalgia con el insomnio de ser
siempre bella en las páginas de Vogue,

Modelando su blanca piel, su negro cabello,
Su infinito collar de perlas, su abrigo que desafiaba a la
madrugada
Postergándose al deseo de los caballos,
A las caricias de ultramar
Cuando se posesionan los cuerpos amantes,
El nacimiento de los hijos que ocupan espacio y memoria,
Una pieza de música vasta como la ciencia,
Vasta como el heliotropo
Que busca al sol y no lo encuentra,
La danza de la bailarina en la caja donde se ha derretido
    el hielo
Y el deslave emocional conlleva a la espera de una
    bandada de gansos, silvestres en su quietud
Y en su transparencia y con ellos, nos olvidamos del tedio,
De lo que se agrupa como un drama de iniciación.
Ella voltea el rostro
Y esboza una sonrisa.
Se adentra a una extraña felicidad
Sin los flashes de las cámaras.
Su poesía es su comienzo y su final
    Y la continuidad de una lámpara que estamos
    dispuestos a encender y también a oír.

ANNE CARSSON

"No puedo crecer con un fuego amenazado", escribe.
Va todo tu cuerpo como un bosque
A punto de ser cortado por el hacha de la sombra
En su tránsito fulgurativo.
Aún devanamos la luz en el granero del invierno,
Es todo el amor y el arte, mi llanto sobre la piedra caliza.

Era tu carne reverenciada por espiritistas,
No sabías
Como ofertar esa camaradería con los escualos,
Si te hemos de recordar con la impotencia del disparo
    ente la benevolencia
Del que suspira y vuelve a aletear conociendo ese otro cielo
Que se apaga, que vuelve a ser espiga,
En todas las calendas en que nos tendíamos ante el color
    del mago,
En cada instante, al abrir la puerta, al escuchar el limbo
    del hombre,
Siendo secuaces de todo lo que nos muerde, como una
    vieja rata,
Aún hermosa en sus estaciones de roer la cordura
Y el cordel que va dando saltos con nuestras imaginaciones.

Nos reconoceremos en cada injerto de la uva, en cada
salario o en cada trueque de tristeza.
Aquí voy con la causa y el arbitrio
Y el destello del tiempo enronquecido,
Ya no hay más letras ni negocios para contemplar las
    ruinas y la estirpe,

Lo que clama
Muy adentro como un rostro invadido por una liana ocre.
Ya no se columpiará Tarzán sobre la decadencia y el odio,
Sobre este estado etílico de anotar los horrores de la era.
Aquí estoy con las ganas de perderme
Y felicitar el regocijo de la rosa ante el esqueleto que
sigue cultivando las azaleas en el patio.

Todo lo puedo ofrecer ahora que contemplo y sueño
Y me fracciono ante el cuenco de agujas. Es el éxtasis en
    el pajar sin nombre,
La conversación con mis fantasmas
Y los transeúntes que olvidan su pasaje,
Su tarjeta de identidad cuando estamos próximos
A existir en otro libro, a caducar en la fe de erratas
De este siglo, de este año, de este día, de este minuto, de
    este segundo
Y de ganarnos la vida enseñando griego antiguo.
Vive y ensaya.
Esta tu crucifixión con la poesía y la prosa, aunque te
    mire cara a cara,
Y el Partenón finalmente, se eclipse por ti,

JANE AUSTEN

Durmiente,
Jane Austen,
En el orgullo y el prejuicio   de destejer   una trama toda
   la noche,
Al amparo   de la luna   donde se escuda una sombra
Para ahuyentar el día.
Muerde estas lascivas y risueñas manzanas.
La cesta está desbordada con las cosechas de años anteriores
Y de este que vivimos, sempiternamente, como la mayor
   recompensa
Al desnudarnos
Y obviar que no seremos lacónicos ante la devastación
   del paraíso.
Basta la ironía de tu prosa
Para escudriñar en cada acto inadvertido; una metáfora
para el otoño y el invierno
Cada vez que imploro tu despertar en medio de una tregua
Donde sólo tus párpados anuncian la música inaudible,
Esa de los espíritus
                    Que aun sueñan
                         Con campanas y navajas.
Es como escuchar el nacimiento de un lirio o de una
   vestal de pasifloras,
El sol que reverbera entre los robles
Cuando ya nadie viene a recoger el agua para tu sed de
   reinos resurrectos.
Entonces empieza a nevar
                    Con sol

Y todos los personajes de la época georgiana circulan
por tus hombros
Y tus gestos son frágiles como las libélulas
Y poderosos como la contextura del acero.

Tus novelas seguirán fundando aldeas en el agua.

EDNA ST. VINCENT MILLAY

Quise entrar a esa tierra y aún no amanecía. Miraba las colinas que recorrí desde muy joven. Todo entraba en ese ejercicio de la meditación cuando apenas regresaba de la noche. Suponía que, al germinar el alba, se revelarían cosas importantes. Anhelaba y anhelaba la semilla del día, la semilla de Dios, la semilla de las piedras y la semilla de los poemas-animales. Abrí la puerta de lo que creía era mi casa, mi hogar en ruinas, mi pan reservado, mi río bullente hacia tiempos que no cesarán de reverenciar la flor. Era el vestigio de una infancia y de otra infancia. Las bestias de porcelana aullaban en la vitrina y en el velador se inauguraban otras cicatrices y nuevas guerras. La guerra del azar y el espíritu. "la guerra del mundo en el lago de los nenúfares y en la versificación de los sauces llorones."-apuntaba una poeta veterana a otra poeta joven que amará el vuelo de los gansos; una poeta (Mary Oliver) que junto a mi hermana Norma, ordenarán mis papeles, mi bullicio interior para despetalarme. Siempre quise averiguar por qué la melena de un sauce es comparada a un llanto y en esa indagatoria, también lloré. Mi vida se iba desdibujando desde todos los pixeles del gran eclipse. Un ave y otra ave podrían calzar la vendimia en la ventana. Los frutos (los cuales no me dejaron recolectar) seguían intactos en el frutero donde parecía que la mujer y el centauro inauguraban un coloquio con las almendras, secas y doradas, como una lengua pudriéndose de dones. Yo no quise brindar y volver a la copa que, abandonada, daba la seguridad de un descubrimiento, de una manera extraña de viajar sin suministros. Quise fundar un observatorio y mirar a las estrellas y a los cometas cifrados; amar a hombres y mujeres libremente como apretando una constelación contra mi sexo. Amé a hombres y mujeres en todas las viñas. En todos esos cuerpos y esas bocas, hallé el jardín de los eclipses. Me fui por las escaleras. Descendí a otro cielo fugitivo. Ascendí, victoriosa. Me miré las manos ungidas de tierra para escribir en todas las páginas. Entonces todo me fue dado y escribí.

MARGARET CAVENDISH

Quizás el error fue el haber codiciado
La plenitud del amor. Nunca lo sabré.
Habré circulado como sangre por los valles
Con el canto de las cacatúas. Me iré
Descalza a encontrar los plenilunios del mundo,
A forjar con mitades disimiles el frutero de la creación
Y que otro jardín se muestre con su playa estrellada
Porque ni puedo evitar el rugido del mar
Que golpea como una nostalgia contra el rompeolas
Mientras navego en un bote de sentimientos a la deriva
Y achicando cada día las aguas de amor que también se
      evaporan
Ante el ímpetu y el puño cerrado, en la certeza de
      combatir el espejismo
Y la terrenidad del iceberg cuando soplas
En el laberinto cuando hablas, en el terremoto cuando
      reiteras
Tu partida como un joven soldado que parte
A combatir por la nación y yo en la terrible espera
De ver mi alma en su tumba, entrando y saliendo
En la tolerancia de lo sobrenatural, comprendiendo
Que los rompimientos son universales como la sacralidad
      del vacío
O el silencio que también acaricia los rostros en los vitrales
La pútrida escena de alimentar el pasado, nuestras gárgolas
Que no pertenecieron a castillos de gigantes
Y que aguardan a una nueva lluvia para inaugurar fortalezas,
Para reconocer otros caminos y acechanzas,

Las credenciales de que fuimos magnánimos
    en otra estación
De dementes y héroes, de vehemencias y colores,
De promesas y cumplimientos que vivimos
Y quizás haya que conformarse que el corazón
No murió por sortilegios de venenos
Ni que fue cazado por águilas bifrontes
Ni engullido por serpientes; sino que fue destinado
A suscitar otro ciclo, marchitándose esta vez,
    pero esperando
La lluvia tras el violento y colérico verano.

MARY SHELLEY

Es tu dolor contemplativo como el plomo.
Te encuentro en varios cadáveres y en ninguno.
Moriste antes de que te amara.
Te amo ahora que estás disperso
En todos los átomos. Marchamos descalzos al otro lado.
No quedan nuestras huellas
Ni nuestros ángeles y demonios en la pantomima de la
    música.

Nos encontramos tomados todos de la misma mano,
De la misma mano que enfurece al hierro
De la misma mano que se vuelve iridiscente y roja.
De la misma mano que hoy enfurece al agua.

Escuchamos los conciertos y las lecturas de poesía.
Escribimos poemas y novelas
Por los caídos en las trincheras y en los páramos.

Alguien cavó mientras alguien habla
Alguien reconoce los restos mientras alguien escribe.
Alguien realiza el examen de ADN mientras nos leemos.
Alguien toma los miembros muertos y los ensamblo
    para que existas.
Dios hace caer el rayo para que resurjas.
El amor es más que necrofilia.

MARY ANNE EVANS (GEORGE ELIOT)

Ya me llegaron todas las flores,
Ya me llegaron todas las rosas,
Que se desprenden
Como sangre
De mi mano,
En azules y amarillas
Gotas
Por el búcaro de carne,
Entre las praderas
Y entre las pertenencias
De mi pobre casa.
Pertenezco a una aldea
Donde los animales no tienen ojos
Y los buscan entre los pastizales
Y en los cajones
De las mujeres
Donde guardan
Sus piezas blancas.
Los hombres le dan su alimento
Y se van a esconder para atragantarse con el vino de los
    mejores años.
Otra vez la luz,
Otra vez el prisma,
El arcoíris que maldigo en la roca
Donde los reyes agonizan.
Ah, este jazmín pulimentado
Sobre la tumba de un rey, sobre el sexo de un rey.
Y así vamos

Por estas fábulas y por estos caminos que no conocen
    a nadie,
Que nos conducen a un despertar,
A un regurgitar del viento
Entre las frondas,
Cuando nos zahiere una constelación pronosticada
Y del tambor a punto de conciliar la pesadilla.
Aquí estoy emancipando un destello,
Un túnel para regocijarme en el pelambre de los lobos.

ELIZABETH GASKELL

No es tan sencillo
Describir
La pobreza
En la prosa
Es como descolgar de la planta
Una begonia
Y colocar
Un sonido
De pan
Sobre la mesa.
Es como tocar
Las siete trompetas
Para que se caigan
Tus ropas
Y entrar
Sin mis armazones
En estado bélico.
(Cada extremidad una muralla),
(Cada jadeo una conquista de caballos
Un enjambre que no puede existir,
O una despobladora antigua del soneto).

Te toco sin tocar y aun permaneces vivo.

Me está prohibido entrar
Mientras veo
Cómo te creces en mí
Con cada medida

Exacta
Del asombro;
Como desentierras
En mis manos
Los gestos inflamables,
Las posguerras más extrañas
Y las amnistías más terribles
Cuando descorchaba la lengua de tu canto.

AGATHA CHRISTIE

Eso de sentir empatía por quienes son asesinados
Es un asunto
Para descorrer los telones en el teatro,
Y escribir novelas policiales.

El dolor, una trama.

La risa, un cuenco para tratar las lágrimas:
Agua potable y corriente para el consumo.

Todas las pistas aportadas por Poirot,
Miss Marple,
Tommy y Tupence
Llevan al asesino o asesina
                                    Más insospechados.

Nos burlamos de los arqueólogos.
Escondimos las pistas para Indiana Jones.

Nadie te pudo encontrar en aquel hotel
Ante tu crisis de nervios.

Cuesta descubrir a quien inculparás del crimen.

De los huesos, la última mueca de la calavera
Es la que trasciende.

ENID BLYTON

La maga Enid viene con su capa
En un remoto despertar de juncos
Que se doblan
Ante la inercia de los vientos.
Lanza un guijarro
Al fondo del río
Para fraguar una torre,
Un hemisferio,
Una aurora boreal
Que empieza a renacer
Como los astros del camino
Hasta develarse
Como una criatura
Que ilumina el pecho de una madre
Y así fraguar aventuras desde un mundo nuevo.

DAPHNE DU MAURIER

Yo ya no sueño con pájaros.
Nadie los ha visto llegar al entierro de la isla. Yo no
    pertenezco a los pájaros.

Los pájaros picotean la cara de la rubia preferida de
    Alfred Hitchcok.

La derrota es una brújula aconteciendo en el canto.
De otro nido vendrán a llevarse nuestras crías,
Las plumas mojadas y terribles
De la ausencia del huevo.
Un pájaro ha caído sobre la torta de cumpleaños.

    ¿Quién puede detener a estos pájaros-relojes que salen
                del vientre de nuestra madre?

    No vuelvas a interrogar sobre nuestro origen. Calla y
    aletea en la partida de nacimiento.

Un bosque es lo mismo que una desgarradura, que una
    amnesia vegetal
cuando volvemos al sonido.
Si vas a la derecha, no regreses a la izquierda.

Nadie puede llamarnos por nuestros nombres.
Vivo al plano, vivo al vacío, vivo a la muerte.

Yo ya no sueño con pájaros.
Se ha muerto mi jaula. Ya no pertenezco a los pájaros.

SUSAN SONTAG

Yo, etcétera.
Soy una mujer.
So una tetera.
Soy una mesa.
Soy una hoja.
Soy un pino, una acequia, una araucaria,
Soy una flor que nadie mira.

En el ejercicio de observar;
Todo se marcha ante la inclinación
Del pie femenino y el pecho del asceta
Sobre el estanque y el loto.

Nada de la religiosidad recalco
Entre las hienas y las plantas carniceras.

Recoged en un tomo todas las doctrinas
Que nos hacen llegar los escritores mediocres.
Llevad esa obra y sus currículums vitae
A la trituradora de papel.

Ya muge la vaca ante la cercanía del crepúsculo
Entre los cuernos del toro.
La vida se esparce como siempre sobre un campo
Y sobre un campo se renuevan las rosas.

Yo respiro y trasplanto las rosas mientras otros
    construyen columpios
Después de las guerras.

Soy una niña que juega sobre un césped de cenizas
Y que come sobre un mantel hecho de sangre.

Los escritores tratan de devorar a otros.
Pague su boleto para peinarse sobre esta superficie
Mire su carrera literaria tridimensional.
Sobre las bibliotecas caen espejos cercenados.

ALICE MUNRO

Esta vez atravieso Canadá con todo el mapa
De la pírica sustancia, del cuenco subterráneo
Hasta llegar al lecho marino donde se absuelven los corales
Y la invocación de las reinas permeadas en su espanto,
Delirando en ese movimiento oculto,
En el agua densa
De las parábolas y de las niñas que se acercan
Con la jarra del milagro entre las manos como los únicos
    sobrevivientes
De una raza de anfibios, de una raza de medusarios
Que van rapsodiando el futuro en la noche posible
En esas largas tramas de ficción de tus relatos.

TONI MORRISON

Beloved:
Hay una furia
De dioses apagados
Que se vuelcan
Al arco de tu sombra;
Más negra que tu pena
Y que el homicidio cometido por tu madre;
Alejándote de la esclavitud en la tierra
Pero acercándote a la de la casa
En donde no te liberas,
Donde desordenas la vajilla
Y tras las puertas reniegas
Por las guerras y por el amor que no tuviste.
Beloved:
Perdón por no ofrecerte el sol,
Para cada hecho insólito
Que acontece en tu reloj de oscura nieve.

CARYL CHURCHILL

Yo no puedo decir que los parlamentos no vendrán a mis labios,
Ni tampoco incitarán a que me devuelva a los espejismos
    de la tierra.
A tu lado puedo crecer como un cordel de calabazas o una
    canción dispuesta a corearse en la ambivalencia de la roca.
Me acuerpo al lodo, a esta jaula digital
Que parte las aguas y camina con una fauna de disfraces.
Aprende a sentir la miseria de todas las esferas, a batir
El tambor hacia la dirección del caos y el espasmo.
Yo no termino de entonar un himno cuando la lechuza
    abre sus ojos invocando una ceguera.
Reparte estos dones, reparte estos actos donde se argumenta
    sobre el poder del feminismo
Y que se empluman hacia una luna en cuarto creciente.
Compara las estrellas del orbe con la semblanza resumida.
En los anillos, tantos años juntos,
Tantos años separados y escribiendo las horribles historias
    de las prolíficas familias.

SARAH CANE

Nadie puede planear un regreso a la tierra o a la nieve
No sin antes saltar al sol de la última puesta del mundo,
    del traje puesto a secar
Sobre las rocas, ahora que el viento devuelve las briznas
    de las casas
Y los puñados de centeno.

Mi tierra es como un exorcismo en mi boca, como un
    calado de frutas
Que se adviene al cuerpo nocturno, son los zancudos y
    las luciérnagas
Entreteniendo mis dedos, mis flancos terribles.
Habitas el campo y la oración cae de rodillas
Herida por un ateo.

Son las monedas de oro para vender a un maestro, todos
las cuentan
Y las cambian en los centros del comercio o a apuestan
A una máquina egipcia sin jeroglíficos.

    Siémbrate que aún es tarde para morir de nuevo.

Yo no me encuentro con un hueso dorado o con una
    voluntad
De nadar hasta la consagración del hielo, inútil son las
    biografías
De la naturaleza cuando la mano arranca lo dorado de la
    simiente

Y se vuelve al cierzo como un puñado de dientes de león
Y soplas y soplas hasta dejarnos huérfanos, hasta
    encontrarte conmigo.
Yo no tengo esqueletos en donde aferrarme, mi escritura
    es hierática
Como la lengua del helecho, aun cuando enfermamos
Y es tarde para el regreso, cuando es tarde para verte
    dormir desnudo.

Convoco a tus hijos que no conociste,
A tus huestes extrañas salidas de un libro mercenario,
allí hay libros forrados con pieles humanas
Y acertijos para llamar a la lagartija de colores, para
    arrancar un coco
supremo y que dance sobre el mar

Hasta hallarse en el archipiélago donde estoy
    gangrenado de nostalgia,
Gangrenado de humanidad, gangrenado de solsticios y
    de aperturas
En el mapa celeste de lo que no se fecunda, ya llora el
    puñado de espigas
    Y la siega es terrible, terrible como un arsenal de
    caballos.

Mis abuelos heredaron un camino y nosotros una patria
    dividida.
Esa es la desaparición de los espejos y los estados maritales
Cuando la hoja no pertenece a la legión de las palabras
    plantadas

Ante el connubio de las soledades y de la muerte de
    nuestros padres
Que se agreden unos a otros hasta culpar a nuestra orfandad
Del miedo que nos tenemos entre las familias.

Aquí estoy en la plata de un insecto, en el manubrio de las
    constelaciones soterradas,
En la voz que calco con sangre de los barrotes,
En la cárcel del miedo; escríbeme en el dorso
Con un lápiz caliente el herbario y el animalario de la
    querencia,
el pestillo que deseo arrancar para que no me halle nadie
clandestina por el mundo.

        Húndete despacio, húndete suave.

No pertenecemos a este ciclo, a este mar, a este conjuro
    de arena.
Tu padre escribió versos,
Tu madre los desordenó en el rompecabezas.
Tu familia fue un injerto de plantas carnívoras.

    Revélate ahora que ya no estás, revélate dormido a la
    muerte.

JUDITH WRIGHT

Para que estas voces se oigan, para que quizás yo exista
Para que se acuñe una palabra en el muro, un rostro vivo
En la labor de la piedra que machacan estos dioses,
Estos muebles ateos donde me reúno diariamente
Con mi familia, con mis ancianos jóvenes, con mis
    impúberes abuelos
Sin importar el número
O el salmo
De las condenaciones intimas. Ese salto de la niebla
Al final de la página, como si fuéramos
Comensales del viento y de las aves que corearon
Por la peste. En medio de estos eclipses
Los guitarreros ensayan subiendo la montaña,
Se encaminan a esas haciendas donde el recuerdo
No es más que una palabra fermentada,
Una estrella
Iluminando las olas de los surfistas en Australia,
Ese deseo de vibrar así de pronto,
Como una lejana cometa de la infancia
Que se anuda a nuestros dedos con sopores de violeta,
Que arrancamos acertijos al follaje y vestimos
Con la última piel de los exilios,
Con el río nostálgico
Que serpentea en las camas de nuestra muerte
Allá lejos donde mi madre toca un tambor de vidrio
Y mi padre persigue la balada del demonio de Tasmania
En donde se reúnen los páramos que adormece el día;
Estos labios de adormidera que en el fondo

De tu pubis se congregan y dejan durmiendo.
Todas las lluvias se van a bostezar
En las esquirlas sagradas de los lagos.
Para que este cuaderno alumbre,
Para que estas voces se oigan
Para que quizás yo exista,
Hay que mudar de mano
Respirar sobre los niños y escribir en cámara lenta.

SHARON OLDS

Mis ovarios
aparecen en su mano
S.O.

Me cuesta ocultar que atisbo la palabra
Antes de que comience el sol
A calentar la tierra,

Los días oscuros se miden
En la copa intermitente del claustro.
Prepararemos las sopas calientes que derritan los falos
    de los hombres,
Esta porción del cuenco al entrar en la locura en los
    fuegos de abecedario
La armonía del coro ante una lluvia desafinada
Que hace florecer a los alerces del oído.

Grito tu nombre como una paloma mensajera.
Anuncio que viene una estación
Donde corearemos todas,
Donde ganaremos todas;
Donde sostendré sobre mis manos
Los ovarios de todas
Cuando sea difícil hallar una maraca,
Una metáfora
Una rima perfecta o una asonancia cúspide
O el ritmo interior de lo que sucede
Cuando atisbo la redención de una palabra
Antes que comience el sol

A calentar la tierra
Y siga sosteniendo
    En mis manos,
        Los ovarios de todas.

MUJER-CASA INESCRUTABLE

Es tiempo de plantar lágrimas dice el almanaque.
La abuela le canta a la maravillosa estufa
Y la niña dibuja otra casa inescrutable.
ELIZABETH BISHOP

El color   Todo sucede en ese tono rosáceo, el color de las turbas, de los remolinos y de las cintas que se colocan las mujeres en el pelo, como queriendo terciar la aurora y su naipe ancestral; cuando todos nacemos al pie de una colina o en medio de la lumbre. Otras van naciendo desde las cenizas y desde las cenizas se proyectan en sus voces poderosas, amargas, tristes, dulces o capitanas de una travesía donde el barco está destinado a zarpar y a ser fletado con las banderas de lo femenino.

La telaraña   Yo escribo como todas ellas desde la telaraña interior y voy reforzando el hilo, la puntada. No suelo utilizar dedal para que las pinchadas me coloquen en la realidad de antes y en la realidad de ahora. Deseo narrar los solsticios, tener todas las pieles y arder desde la columna de piedra, desde la torre, desde el pelaje de las antiguas criaturas y tener la videncia de los peces. Porque aquí me quedo desde el puente tirando papeles al río que se convertirán en ansiados peces dorados.

La mujer   No habrá más partos ni jaquecas. Ni un solo golpe más de un puño cerrado, errática la violencia, sobre el género de las flores. Escribir y escribir y repasar los metales de las horas. Mira la arcilla con tus creaciones: mucha vida, nada de lagrimeos, manchas o derrumbes.

El dominio He querido extasiarme, he querido perderme desde los olmos y desde las piedras que se yerguen en todas las civilizaciones. Fui la mujer raptada, soy la mujer por la cual pagaron el rescate, fui aquella que no fue devuelta y fue pieza de un combate, la que ocasionó la guerra; pero ahora soy la incorruptible, la que traza el arcoíris y el camino del cohete y del tubo de ensayo y la que demuestro capacidad en este dominio de las plagas y las pestes, de los desastres y sobre cualquier oficio me proporciono como la tierra a la música.

Los colores, la memoria Justo en la medida de la geografía, pinto las ocas blancas que aletean en la memoria de las niñas. Jugamos a ser princesas y damas de una corte imperial. Me asedian los personajes de mi próxima novela, de mi próximo poema a leerlo en la feria del libro, negándome a ese solo taller con la letra y la soledad, a ser más austera que las comunicaciones y que los envíos por internet, las operaciones de la economía y de la bolsa.

El jardín Soy la que elige las piedras preciosas para cada una de ustedes. La que siembra y poda el jardín que se nos ha predestinado. Tejo una cofia, me revelo a esa emancipación del viento y las protestas sociales por la condición de la mujer.

La quemadura Ninguna es pequeña, todas somos grandes en el ciclo de la roca y de las mareas. El globo celeste

es iluminación y silencio, palabras, metáforas, cocinas
que incendiamos, diosas y dioses que no le temen ya al
velamen: toda la creación, todo el arte, toda la literatura
y su tornasola quemadura femenina.

La casa inescrutable Domina la perfección de la perfección.
El tablero de ajedrez que cada día ejecutamos ante la
torre invicta. Amé la vida. Amamos un país, amamos un
continente. Amamos a toda mujer, aquí y ahora. La casa
de siempre ejecuta su danza y su sombra se alarga para
atrapar a otras. Algunas somos soles, algunas hierbas y
floraciones, algunos ímpetus, algunas escarchas, algunos
estallidos, algunas metáforas. Todas en la vastedad:
asteroides carburantes, eternidad de cuerdas, largas y
más largas: fusión de cometas. Siempre habrá una niña
—dibujando y construyendo— otra casa inescrutable.

Así como las palabras primero son de agua
y luego de barro
y después de piedra y de viento.

GUADALUPE GRANDE AGUIRRE

ÍNDICE